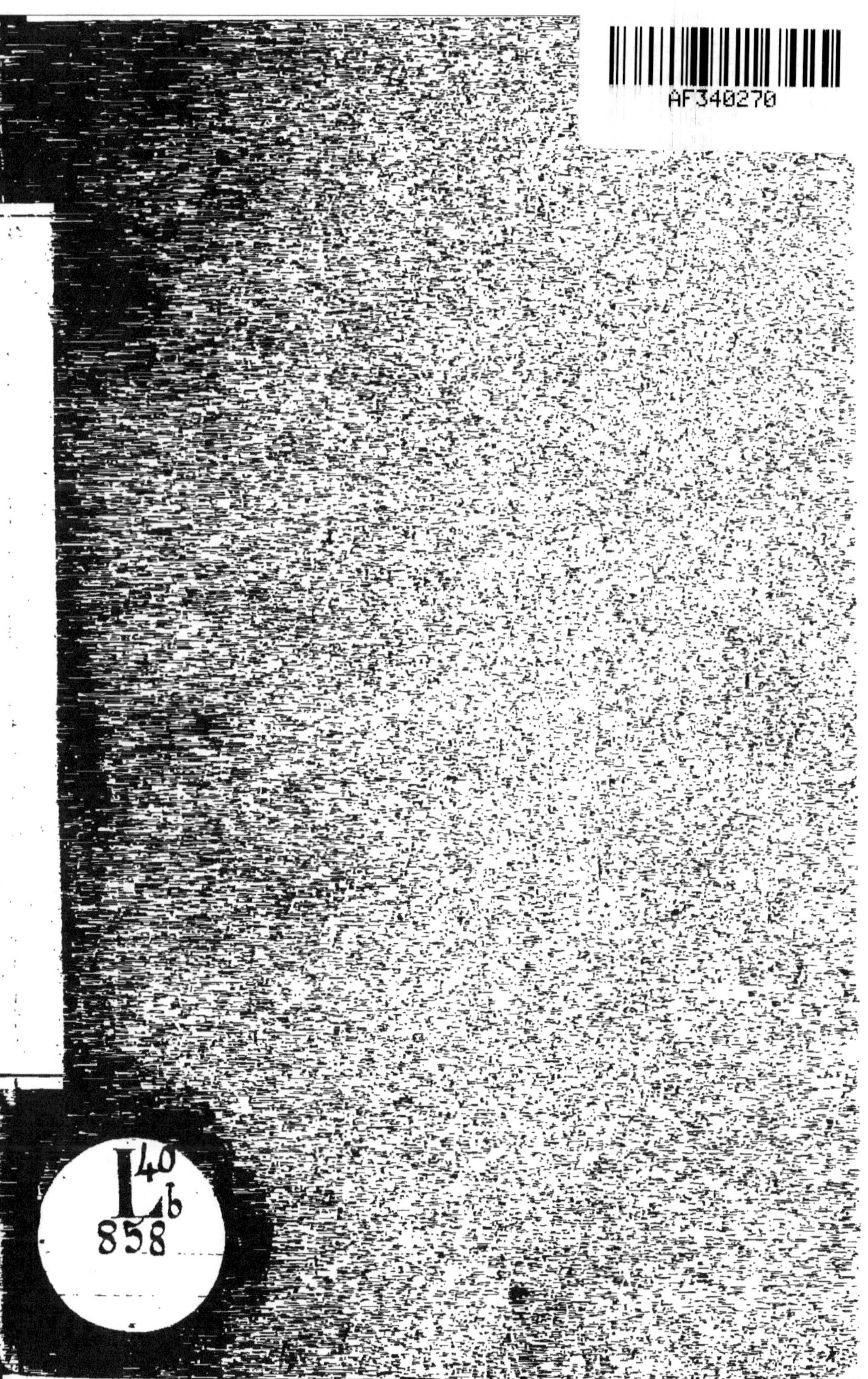

# RÈGLEMENT

## DE LA

# SOCIÉTÉ PATRIOTIQUE

## DE LA

# SECTION DE LA BIBLIOTHÈQUE,

*Établie à Paris, le 26 Août 1790.*

# RÉGLEMENT

## DE LA

## SOCIÉTÉ PATRIOTIQUE

### DE LA

## SECTION DE LA BIBLIOTHÈQUE,

*Etablie à Paris, le 26.ᵉ Août 1790.*

LE premier devoir de toute Société qui
se forme, est de manifester les principes qui doivent la diriger. Celle qui a
pour but le maintien des droits de
l'homme, est nécessairement fondée sur
l'estime & la confiance. A la douceur
de s'entretenir & de s'épancher avec des
hommes qui professent les mêmes senti-
mens, & qui sont liés par les mêmes
devoirs, s'unit l'avantage de préparer les

A

esprits contre toute espèce de surprise ( 1 ).

Dans ces momens critiques, au milieu des obstacles qu'éprouve notre liberté, de la part de ceux dont elle renverse les prétentions, les Citoyens de la Section de la Bibliothèque ont cru voir un moyen d'établir entre eux l'uniformité de vœux, de principes & de conduite , pour le complément de la révolution.

Lorsque la Constitution est prête à s'exécuter dans tout le Royaume, il faut que les principes qui l'ont dirigée soient universellement répandus; lorsque de toutes parts on sème l'erreur, les alarmes, les calomnies, il faut que par-tout la vérité puisse se faire entendre & prêter à tous le même langage; & s'il arrivoit qu'un petit nombre d'hommes voulussent rétablir leur empire en divisant la Nation, il faut que les amis du bien puis-

_______________

( 1 ) Ce préambule a été extrait en partie de celui des *Amis de la Constitution* , auxquels la Société est affiliée. La conformité de principes a nécessité souvent celle des expressions.

sent oppofer, à leur cris féditieux, des paroles calmes & raffurantes.

Ainfi, notre Société, formée par l'enthoufiafme du bien public, portera effentiellement les réflexions fur les abus, que les hommes ont tant de penchant à commettre ; car, fous le mafque du patriotifme , il fe développe des paffions qui deviennent funeftes au bonheur des Citoyens.

Des Sociétés établies dans Paris à l'inftar de la nôtre, & renfermant dans leur fein de bons Citoyens, pourront offrir un centre commun à toutes celles qui s'établiront dans le Royaume, en s'affiliant avec la Société des *Amis de la Conftitution*, deftinée à répandre la vérité, à défendre la liberté, la Conftitution; leurs moyens feront auffi purs que l'objet qu'elles fe propofent ; la publicité fera le garant de toutes leurs démarches ; écrire & parler ouvertement, profeffer les bons principes fans détour, avouer leurs travaux, leurs vues, leurs efpérances, ce fera la marche franche par laquelle tous les Membres travailleront à obtenir l'estime publique, qui seule peut faire leur force & leur utilité.

La fidélité à la Constitution, le dévouement à la défendre, le respect & la soumission aux pouvoirs qu'elle aura établis, seront les premières loix imposées à ceux qui voudront être admis dans la Société. Les titres, pour s'y présenter, seront, sur-tout, l'amour de l'*égalité*, & ce sentiment profond des droits de l'homme, qui se dévoue à la défense des foibles & des opprimés, & qui connoît assez sa dignité pour honorer son semblable.

Après avoir exposé le but de la *Société Patriotique* de la Section de la Bibliothèque, le Réglement propre à la diriger sera extrêmement simple ; toutes les institutions ont besoin d'être soutenues par des loix profondément combinées : ici presque tout consiste à choisir des hommes déjà pénétrés des principes qui doivent animer la Société.

( 5 )

# TITRE PREMIER.

*Travaux de la Société.*

## ARTICLE PREMIER.

La Société Patriotique de la Section de la Bibliothèque s'occupera des droits de l'homme & du citoyen.

## I I.

Les Décrets de l'Assemblée Nationale feront lus dans les féances de la Société.

## I I I.

Ses travaux auront pour but l'établif-fement & l'affermiffement de la Conftitu-tion, fuivant l'efprit du préambule ci-deffus.

## I V.

On difcutera dans la Société tout ce qui peut intéreffer la liberté , l'ordre public, les différentes parties du Com-merce de la Capitale, & fur - tout les moyens de féconder la circulation, & d'en arrêter les abus ; mais les difcuffions

A

qui auront lieu ne gêneront aucunement la liberté d'opinion.

## V.

La Société correspondra avec les Sections de la Capitale, & les autres Sociétés du Royaume qui pourroient se former dans le même esprit.

## TITRE II.

### Des Officiers.

### ARTICLE PREMIER.

La Société aura pour Officiers, un Président, deux Secrétaires, un Trésorier & un Archiviste. Il sera nommé en outre, lorsque les circonstances l'exigeront, des Commissaires, soit pour rendre compte à la Société des Plans ou Mémoires qui lui seroient lus par quelques-uns de ses Membres, soit pour la préparation des travaux dont la Société voudra s'occuper.

## II.

Le Président, les deux Secrétaires, le

Tréforier & l'Archivifte feront nommés au fcrutin, à la majorité relative.

### I I I.

Les fonctions du Préfident ne dureront que quinze jours , mais il pourra être réélu après quinzaine du jour de la fin de fon exercice. Les fonctions des Secrétaires dureront un mois ; ils feront renouvellés par moitié tous les quinze jours. Le Tréforier & l'Archivifte feront révocables à volonté.

### I V.

En l'abfence du Préfident, les fonctions en feront remplies par le dernier de fes prédéceffeurs, préfens à la Séance ; & en cas d'abfence du Préfident & des ex-Préfidens , il fera nommé un Préfident *ad hoc*, par acclamation.

### V.

Le Tréforier fera chargé de recevoir la contribution de chaque Membre pour les dépenfes de la Société, & de payer ces mêmes dépenfes fous l'autorifation du Préfident, fans néanmoins être tenu d'aucune avance perfonnelle. Il rendra compte toutes les fois qu'il en fera requis par la Société. Il fera en outre chargé de tous les foins économiques, tels que le logement, le feu, la lumière, &c. S'il ne peut fuffire à ces fonctions, il lui fera nommé un Adjoint.

## V I.

Il fera établi, dans le lieu des Séances, une armoire, qui fera à la difpofition du feul Garde des archives, fous la furveillance du Préfident, & dans laquelle feront renfermées toutes les pièces originales, tous les écrits, livres, & autres objets dont le dépôt aura été déterminé par la Société. Le regiftre courant des délibérations demeurera entre les mains des Secrétaires. Le Garde des archives tiendra un regiftre coté & paraphé par le Préfident, & y portera, par forme de répertoire, le titre de toutes les pièces, & autres objets dépofés aux archives, avec mention de la date du dépôt.

# TITRE III.

## *Des Réceptions & Affiliations.*

### ARTICLE PREMIER.

Il ne fera point fait ufage du fcrutin pour l'admiffion des Candidats ; leurs noms feront infcrits fur un tableau & affiché dans le lieu des féances. Tout homme, de que'que profeffion, patrie & religion qu'il foit, pourra être admis dans la Société, d'apres les régies fuivantes. Tout Citoyen domicilié dans la Section de la Bibliothèque, devra être propofé par deux Membres de la Société, & fon nom demeurera affiché pendant deux féances (1).

### I I.

Il fera nommé, par le Préfident, fix Commiffaires, pour former un Comité de préfentation, qui fera renouvellé par moitié, dans la première féance de cha-

---

(1) *Continuation de l'article.* Tout François non domicilié dans la Section de la Bibliothèque, devra être propofé par quatre Membres de la Société, & fon nom demeurera affiché pendant trois féances. Tout Etranger devra être propofé par fix Membres de la Société, & fon nom demeurera affiché pendant quatre féances.

que mois ; ce Comité fera chargé de prendre tous renſeignemens ſur les Candidats ; tout Membre de la Société qui en aura de défavorables , ne pourra ſe diſpenſer d'en faire part au Comité.

## I I I.

Le Comité ſera tenu de s'aſſembler au local de la Société, le mercredi & le ſamedi de chaque ſemaine, à l'effet de diſcuter l'admiſſion des Candidats.

## I V.

Si le Comité, d'après les renſeignemens qu'il aura pris ou reçus , trouve le Candidat digne d'être admis dans la Société, il remettra aux deux Secrétaires, après le tems preſcrit par l'article premier du préſent Titre, le nom du Candidat, avec ſon certificat d'approbation , lequel ſera ſigné de tous les Membres du Comité ; le certificat ſera lu à la première ſéance, & l'admiſſion jugée à la majorité des voix. Les Secrétaires en préviendront par écrit le Candidat, auquel il fera délivré une carte d'entrée, fans autres formalités.

## V.

Si le Comité, d'après les renfeigne-mens qu'il aura pris ou reçus, refufe fon certificat d'approbation, les Membres qui auront préfenté le Candidat, auront le droit de demander au Comité les motifs de fon refus ; & dans le cas où ils les trouveroient mal fondés, ils pourront les déférer à la Société, qui, après avoir entendu le Comité, prendra alors tel parti qu'elle croira bon être.

## V I.

Lorfque la Société aura prononcé un ajournement fur l'admiffion d'un Candi-dat, il ne pourra être propofé de nou-veau avant l'intervalle de deux mois, à moins que l'ajournement ne foit prononcé à jour fixe.

## V I I.

Les Membres de la Société qui auront des enfans, pourront les amener à l'Afsemblée ; ils y seront reçus, depuis douze jusqu'à dix-huit ans révolus, pour leur instruction seulement ; après dix-huit ans révolus, ils pourront être Membres de la Société, mais seulement après avoir été admis dans les formes prescrites par le présent Titre.

## V I I I.

Lorsque la Société s'occupera d'objets relatifs à la Section, les enfans des Membres de la Société ne pourront avoir voix délibérative, s'ils n'ont vingt-cinq ans accomplis : il en sera de même de tout Membre qui ne sera point Citoyen actif de la Section.

## I X.

La Société pourra admettre à son affiliation, sur la demande de six de ses Membres, les Sociétés du même genre qui pourront s'établir dans la Capitale, pourvu que l'esprit de leur institution, garanti par les Membres qui feront la proposition, soit essentiellement le même, & encore à la charge de lui présenter préalablement le Réglement & la Liste des Membres desdites Sociétés.

## TITRE IV.

### *De la Police.*

#### ARTICLE PREMIER.

LA Société s'assemblera le jeudi & le dimanche de chaque semaine, à cinq heures précises du soir.

#### II.

La Séance étant ouverte par le Président, l'un des deux Secrétaires lira le procès-verbal de la Séance précédente, les certificats du Comité des présentations, en faveur des Candidats, & ensuite l'ordre du jour: le Président donnera connoissance des lettres qu'il aura reçues ou écrites au nom de la Société.

#### III.

Le Président nommera, à son choix, à l'ouverture de chaque Séance, deux Censeurs, Membres de la Société, qui seront chargés de maintenir le bon ordre pendant la séance.

( 14 )
## I V.

Afin d'éviter la confusion & le désor-
dre, un des Secrétaires prendra note de
ceux qui auront demandé la parole, &
la mettra sous les yeux du Président. Le
Membre qui aura obtenu la parole, ne
pourra s'écarter de la question agitée, &
nul que le Président ne pourra l'inter-
rompre.

## V.

Tout Membre qui fera un faux rapport
contre un autre, sera, pour la première
fois, censuré par le Président; & en cas
de récidive, il sera exclu de la Société.

## V I.

La Liste des Membres de la Société, &
celle des Sociétés correspondantes de la
Capitale, seront affichées dans le lieu des
Séances. Les Secrétaires veilleront à l'exécution du présent Article.

## V I I.

Tout Membre qui aura été absent des
Séances de la Société pendant deux mois,

fans avoir inftruit le Préfident de la lé-
gitimité de fes motifs, ne fera plus con-
fidéré comme Membre de la Société, qui
fe réferve de prononcer dans les cas ex-
traordinaires qui auroient empêché un
Membre de faire parvenir les motifs de
fon abfence. Le Comité de préfentation
demeure chargé de compulfer le regiftre
d'entrée, & de dénoncer à la Société
tous Membres qui en auroient été abfens
depuis deux mois.

## V I I I.

La Société aura un Timbre, portant
pour légende : *Société Patriotique de la
Section de la Bibliothèque*, & au milieu,
entre deux branches de chêne : *vivre
libre ou mourir*; au bas, *Paris 1790*. La
Société aura en outre un cachet, dans le
champ duquel feront ces mots : *la Nation,
la Loi & le Roi*; il portea la même légende
& la même exergue que le timbre.

## I X.

Le préfent Réglement, à l'exécution

duquel le Président & les Secrétaires font spécialement chargés de veiller, sera imprimé & affiché dans le lieu des Séances ; un exemplaire en sera remis à chaque Membre.

---

*EXTRAIT des Registres de la Société Patriotique de la Section de la Bibliothèque, séance du 8 Mai 1791.*

MM. Bourcel & Roume, Commissaires nommés par la Société pour examiner de nouveau le Réglement par elle adopté sous la Présidence de M. Pierre-Eléonore Bacon, l'un des instituteurs de cette Société, ont fait leur rapport ; & d'après le plan & les observations par eux présentés, le Réglement a été arrêté.

DEVILLIERRE, *Président.*

MASSONIER, } *Secrétaires.*
DUCHOSAL, }

---

De l'Imprimerie de L. POTIER DE LILLE, rue Favart, N. 5.